HENRI CLOUZOT

LES JACQUARD

EN CHAMPAGNE

ET

EN AUVERGNE

PARIS

LIBRAIRIE HENRI LECLERC

219, RUE SAINT-HONORÉ, 219

et 16, rue d'Alger

1907

LES JACQUARD

HENRI CLOUZOT

LES JACQUARD

EN CHAMPAGNE

ET

EN AUVERGNE

PARIS

LIBRAIRIE HENRI LECLERC

219, RUE SAINT-HONORÉ, 219

et 16, rue d'Alger.

1907

LES JACQUARD

EN CHAMPAGNE ET EN AUVERGNE

Nos recherches sur le graveur arquebusier Antoine Jacquard ne nous ont rien appris sur ses origines. Nous savons seulement qu'il était de Poitiers et qu'un personnage du même nom, qualifié d'arpenteur juré, y avait femme et enfants au moment où paraissaient les planches de notre artiste. Mais nous ne pouvons dire avec quelque certitude s'il s'agit d'une famille poitevine ou immigrée (1).

Au contraire, il existait en Champagne, au début du XVIIe siècle, une dynastie d'imprimeurs, d'humeur

______

(1) Voici son acte de décès : « Sire Antoine Jacquart m^e arpenteur est décédé le 11e de juillet 1652 et a esté enterré à Saint Didier ». Ses enfants sont : Marie, le 9 mars 1622, Jehanne, le 12 nov. 1624, Jacques, le 22 avril 1627, Pierre, plus tard chirurgien, le 17 juillet 1629. — M. Rambaud, qui nous communique ces documents avec son habituelle courtoisie, vient de faire paraître une magistrale étude sur la *Pharmacie en Poitou* (Poitiers, 1907, in-8° de 800 p.) où l'on relève, p. 609, un acte intéressant le graveur-orfèvre poitevin Pierre Demoges (Cf. *Bull. du Bibliophile*, 1906, p. 271). Le 1er octobre 1612, il prend pour apprenti Thomas Olivier, fils de feu Thomas, imprimeur, et de Catherine Gaultier. Il s'engage à lui montrer « à graver et à portrairer » (Min. Denesde). Demoges est qualifié de graveur sur un compte de tutelle en 1635 (Min. Johanne).

assez vagabonde, qui pourrait bien avoir essaimé quelques-uns de ses membres jusqu'en Poitou.

Jean Jacquard, le premier en date, était établi à Troyes dès 1620. Il avait plusieurs frères, dont François, qui fut aussi imprimeur dans la même ville. Toute cette famille semble originaire de Sacey, aujourd'hui hameau de la commune de Rouilly-Sacey, arrondissement de Troyes, où l'on relève des ventes de biens en leur nom, et où ils héritent de leur mère le 10 août 1620 (1).

Un autre imprimeur, Nicolas Jacquard, établi à Sens en 1641, était leur parent, car il signe comme témoin, cette année-là, l'acte de mariage d'une fille de François Jacquard. En 1646, il va s'installer à Paris, et la communauté le reçoit le 26 juillet (2). Il tenait boutique au Treillis vert, rue Chartière, près le puits Certain, à l'enseigne de la Renommée. Ses livres portaient pour marque une image de la Justice aux yeux bandés avec cette devise : *Discite justitiam moniti* (3). Il avait conservé une partie de sa clientèle provinciale, car il s'intitule en 1650 « imprimeur ordinaire de Mgr l'archevêque et diocèse de Sens » (4).

Avant 1654, Nicolas Jacquard transporta ses presses

---

(1) Ces documents inédits nous viennent de M. Louis Morin, l'érudit auteur de l'*Histoire corporative des artisans du livre à Troyes*. Ils nous ont été communiqués très bienveillamment par M. L. Morel-Payen, bibliothécaire de la ville de Troyes. On trouvera des renseignements sur les impressions des Jacquard dans *Recherches sur l'établissement et l'exercice de l'Imprimerie à Troyes*, par M. Corrard de Breban, 3e éd., Paris, 1873, in-8°, p. 86-90.

(2) La Caille, *Histoire de l'imprimerie et de la librairie*. Paris, 1689, in 4°, p. 306.

(3) Delalain, *Inventaire des marques d'imprimeurs et de libraires*, 2e édition, Paris, 1892, in 4°, p. 47.

(4) Note mss. de M. Léon de Laborde à la bibliothèque du Cercle de la Librairie, communiquée par M. Paul Delalain.

à Clermont. Il mit au jour, cette année-là, un bréviaire de l'église noble de Saint-Julien-de-Brioude,
deux volumes in-8 ornés de cuivres fort usés et signés
Ganière, qui avaient déjà été employés en 1652 pour un
bréviaire troyen par son parent François Jacquard. Mais
notre typographe clermontois y ajouta une planche
nouvelle représentant la *Vierge et l'enfant*, avec la lé-
gende S. Maria mater dei, et sa firme personnelle :
Jacquard excudit (1).

Il fit même venir, pour exécuter ses tirages, un imprimeur en taille-douce, Nicolas Eslouis, qui se maria
à Clermont, paroisse Saint-Genis, le 4 novem-
bre 1655 (2).

Pendant la tenue des Grands jours d'Auvergne, la
cour confia à Nicolas Jacquard le droit exclusif d'im-
primer ses documents (30 janvier 1666) (3). Il mourut le 1er janvier 1679, laissant deux fils, Michel et
André, ses successeurs associés.

Michel mourut le premier, en 1682. André qui lui
survécut jusqu'en 1686 ne laissait qu'un fils âgé de

(1) L'*excudit* n'accompagne pas nécessairement un nom de
graveur. Mais comme la plupart des imprimeurs en taille-douce
étaient également graveurs, il n'y aurait rien d'impossible à ce
que Nicolas Jacquard ait manié le burin. Le bréviaire de
Brioude (3ᵉ édition, 1654) est fort rare. Il existe dans la
bibliothèque de M. Paul Le Blanc, à Brioude, qui possède également le seul exemplaire connu de la seconde édition imprimée
à Thiers en 1518.

(2) Tardieu, *Histoire de Clermont*, Moulin, 1872, in 4°, t. II,
p. 17, donne la liste des principales impressions des Jacquard à
Clermont et un tableau généalogique de cette branche de la famille.

(3) *Extraits des registres de la cour des Grands jours séante à
Clermont* [30 janv. 1666]. In-4°, 2 p. Impr. Coll. Anisson. Bib.
Nat., ms. fr. 22078, n° 55. N. Jacquard se mêlait assez volontiers
aux artistes. On le trouve le 26 février 1658 témoin du mariage
de Jean Gouzeix, peintre (Comm. par M. Paul Le Blanc).

cinq ans. Sa veuve conserva l'atelier et se remaria en 1687 à un autre imprimeur nommé Boutandon. En 1696 la maison passa aux mains de son neveu Guillaume, fils de Michel, à peine âgé de vingt-cinq ans. Elle perdit, sous cette nouvelle direction, beaucoup de son importance. Dans sa déclaration faite en exécution de l'arrêt du Conseil d'État du 6 décembre 1700, Guillaume Jacquard reconnaît qu'il n'a qu'une seule presse d'imprimerie, avec un petit romain et son italique, un cicero et son italique, un cicero de deux points, un saint Augustin, un gros canon et les planches ou accessoires nécessaires (5 février 1701). Le style de son mémoire ne prouve pas en faveur de ses connaissances littéraires (1). Il mourut en 1732.

Est-il permis de rattacher à cette dynastie d'imprimeurs la branche poitevine des Jacquard ? Nous n'oserions l'affirmer sur une simple similitude de noms.

Cependant nous ne devons pas passer sous silence une assez singulière coïncidence qui établit un nouveau lien, d'ailleurs tout aussi fragile, entre les homonymes de Poitou et d'Auvergne. C'est une mention, relevée par un excellent érudit local, M. Paul Le Blanc, sur le *Mémorial manuscrit,* de François Bilhard, curé de Saint-Pierre-de-Blesle, à quatre lieues de Brioude :

« Anthoine Jacquard, peintre poitevin, fut enterré le 18 mars 1680 ».

Il est fort possible que cet artiste, qui porte même prénom que le graveur arquebusier, ait été attiré en Auvergne par des relations de parenté avec les typo-

---

(1) Coll. Anisson, ms. fr. 22124, n° 130. G. Jacquard est prodigue de renseignements sur sa carrière. Il donne les noms des imprimeurs où il a appris le métier, à Besançon, Bordeaux, Agen, Marseille, Lyon, etc.

graphes clermontois. Sa présence à Blesle s'explique-
rait par le voisinage du chapitre noble de Saint-Pierre,
où les chanoinesses, qui y vivaient un peu à leur guise,
avec chacune maison et domestiques particuliers,
devaient aimer à se faire portraicturer (1).

L'éloignement des localités ne serait pas un obstacle
à cette conjecture. Les relations entre le Poitou et
l'Auvergne, étape obligée du voyage de Lyon, étaient
fort fréquentes au xvie et au xviie siècle, et, pour ne par-
ler que des artistes, on trouve un peintre de Brioude
nommé Jacques de Jax établi à Poitiers dès 1577.

(1) M. Paul Le Blanc possède le portrait de l'abbesse Lucie de
Pons, œuvre, plus récente, du peintre Guibert. Nous tenons à
remercier tout particulièrement M. Le Blanc pour cette commu-
nication et pour toutes celles que nous avons utilisées dans cet
article.

CHARTRES. — IMPRIMERIE DURAND, RUE FULBERT.

9 782329 629483